M. GUIZOT,

PAR

UN HOMME DU PEUPLE.

DÉDIÉ AUX ÉLECTEURS.

Prix : 30 centimes.

A PARIS

ET EN PROVINCE

CHEZ LES PRINCIPAUX LIBRAIRES;

Le dépôt général est chez :

P. MARTINON, rue du Coq-Saint-Honoré, 4.

1846

M. GUIZOT

1840

M. GUIZOT,

PAR

UN HOMME DU PEUPLE.

—

DÉDIÉ AUX ÉLECTEURS.

Il y a dix ans qu'un ministre reprochait à l'*opposition* de ne pas connaître le pays et de se faire d'étranges illusions sur l'état de l'opinion publique ; ce qu'il y a d'assez curieux, c'est que ce ministre était M. Thiers. Cela était vrai alors, cela est bien plus vrai aujourd'hui (1), quoique M. Thiers oublie complétement ses paroles en se posant à la tête de l'opposition comme défenseur des sentiments et des vœux de la majorité des Français.

L'opinion publique et celle de l'opposition n'ont

(1) *Journal des Débats* du 4 janvier.

1846

pas changé, elles sont toujours aussi opposées l'une à l'autre qu'elles l'étaient il y a dix ans. C'est seulement M. Thiers qui a changé; alors il était ministre, aujourd'hui il n'est plus que simple député; et semblable au caméléon qui prend la couleur de la feuille qui l'abrite, il a naturellement dû en changeant de position changer aussi de doctrine. Jusque-là, rien d'étonnant, mais ce que l'on ne conçoit pas, c'est qu'il ose se dire encore dans l'opinion populaire, comme si cette sainte et immuable opinion se personnifiait en lui, et arborait sans choix un nouveau drapeau, quand il la colporte sur un nouveau siége.

Si M. Thiers croit ainsi abuser la nation, il s'abuse lui-même, car il y a longtemps que l'esprit public l'a jugé; il y a longtemps que les vrais patriotes ne se règlent plus sur cette boussole variant sans cesse au gré d'une cupide ambition qui se jette en tout sens; il y a longtemps que l'ex-ministre est veuf de cette popularité qui lui a fait sa fortune et dont il devrait porter le deuil s'il avait de la conscience.

Mais non! M. Thiers ne veut pas le reconnaître, il faut que nos trente millions de bras se lèvent à la fois et frappent sur son front un sceau mémorable, où brilleront en lettres éclatantes ces mots : *Répudié*, *Déchu*. Alors il sera sans doute satisfait, et se bornera peut-être enfin à jouir en silence des trésors qu'il a acquis en nous trompant avec son faux patriotisme.

Moi, simple prolétaire, je ne suis d'aucune côterie politique. Je n'ai point vécu dans les rangs de la société où les journaux viennent émaner leur esprit souvent aussi infâme que stupide. Non! enfant du peuple, je n'ai vécu qu'avec le peuple, mais j'ai vécu avec tout le peuple, car j'ai parcouru toute la France; j'ai causé dans toutes ces familles où l'intrigue et la cabale ne pénètrent jamais; où l'on s'exprime sa pensée seulement avec l'inspiration de son cœur; voilà quels sont mes titres pour venir ici proclamer l'opinion publique; si je ne le fais pas avec talent, je le ferai au moins avec la sincère conviction d'être l'interprète de cette noble et laborieuse masse d'hommes qu'on appelle peuple français.

Or ce que le peuple veut, c'est le gouvernement sage et digne que le Roi Louis-Philippe inspire depuis quinze ans, et qui est surtout dans la bonne voie depuis que M. Guizot en a la direction.

Loin d'être dupe des perfides instigateurs qui, sous toutes les formes, cherchent à l'abuser, le peuple est bien convaincu qu'après nos révolutions, le système de la paix est le meilleur et même le seul possible; satisfait de notre politique générale, il sait parfaitement s'élever au-dessus des légères questions que les perturbateurs lui montrent toujours en les grossissant. N'ayant point de fautes graves à reprocher, il faut bien que les révolutionnaires s'attaquent aux accidents inévitables; leurs journaux répètent toujours les mêmes diatribes pour les mêmes petites choses. Pauvres journaux! perdant de jour en jour leur valeur personnelle, on ne peut plus prévoir jusqu'à quels moyens ils iront pour appâter le public et se répandre avec leur doctrine repoussée de toutes parts. Bientôt *le Constitutionnel*, ce digne ami de M. Thiers, à l'imitation de l'illustre *Aspic littéraire* de Jérôme Paturot, offrira des bottes et des paletots pour avoir des abonnés. Ce n'est pas une charge, puisqu'il en est déjà aux Annuaires et au Dictionnaire des 25,000 adresses.

C'est cependant là une de nos grandes plaies sociales, ces perfides ou stupides journaux qui se glissent dans le monde avec un paquet de camelote, et répandent de fausses doctrines chez une foule de bonnes gens qui manquent d'expérience et deviennent souvent de fanatiques partisans d'une opinion qu'ils ne comprennent pas, et les porte à s'armer contre leurs propres intérêts.

Moi-même j'ai été dupe de ces feuilles en apparence patriotiques, et qui ne sont rien moins qu'anarchiques. J'avais dix-huit ans, je vivais avec des jeunes gens de mon âge; nous ne lisions que les journaux de l'opposition; aussi étions-nous républicains, guerroyeurs.

Je me souviendrai longtemps d'un jour où j'entrai à la chambre des députés. Je sortais d'un café où j'avais lu de violentes critiques contre M. Guizot. Bientôt un grand nombre d'orateurs montèrent à la tribune et attaquèrent le ministre d'une manière encore plus accablante. Comme je l'ai déjà dit, n'ayant pas encore la raison mûre, j'étais alors chaud partisan de l'opposition ; aussi les discours de ces hommes, que je considérais comme des dieux , m'enflammèrent-ils d'indignation contre le gouvernement.

Où est-il, me disais-je, où est-il ? que peut-il répondre ce M. Guizot, ce lâche, ce brigand, qui vend notre France à l'Angleterre ; qui n'aime que notre honte ; qui fait tout à l'inverse de nos intérêts ? Où est-il... Tout à coup un vieillard frêle, aux cheveux blanchissants , monte lentement à la tribune. C'est lui ! Son air est calme et assuré ; bientôt sa puissante voix retentit dans l'enceinte, j'écoute ?... Quel est mon étonnement ! chacune de ses phrases, polie et concise , détruit clairement les violents et longs discours de ses adversaires.

Cependant je ne désespérais pas de voir mes phénix de l'opposition se relever triomphants. Mais non ! rien , rien que de bas et honteux murmures. Jusqu'au bout le ministre prouva qu'il avait raison.

Ce triomphe éclatant de M. Guizot ne me convertit pas immédiatement à ses opinions, mais il m'inspira le désir de m'éclairer sur son système et de chercher qui était dans la bonne voie de lui ou de ses adversaires.

Je commençai par lire son Histoire de la civilisation : autant que ma faible instruction put me

le permettre, je trouvai dans cette œuvre des sentiments élevés et généreux. Ensuite, tout petit que
j'étais, j'osai m'initier dans sa vie privée, car c'est
surtout dans la conduite intérieure que se dévoilent
le vrai caractère et les sentiments d'un homme.

Dieu seul sait combien il y en a qui sont indignes
de la confiance publique et qui en jouissent pourtant largement.

S'il m'était permis de publier ce que j'ai appris à
Aix et à Lyon d'un de nos héros politiques, on ver-
rait ce que l'hypocrisie peut cacher d'ignoble sous
de brillantes apparences.

L'indignation et le dégoût saisissent au cœur
quand on trouve de pareilles turpitudes chez ces
ambitieux qui aspirent à diriger une nation. Aussi
comme nous devons être heureux et fiers lorsqu'un
de ces hommes, qu'on trouve toujours et partout
probes et dignes, veut accepter la conduite de notre
gouvernement! M. Guizot n'est-il pas tel? Aussi bien
dans sa vie privée que politique, ne le voyez-vous
pas constamment sans ambition cupide, et animé
des plus nobles et plus vertueux sentiments? Ses
ennemis mêmes le proclament, et c'est surtout en
cela qu'il paraît si honorablement à côté de notre
Roi, dont le caractère en quelque sorte patriarcal
est connu et vénéré dans toute l'Europe.

Après m'être ainsi éclairé sur la vie privée de
M. Guizot, je cherchai à reconnaître si en lui le
ministre était de mauvaise foi et n'employait que le

sophisme pour soutenir un système politique contraire aux intérêts de la France, comme ses adversaires l'en accusent journellement.

En étudiant ses discussions, ses actes et même ses plus légères intentions, le contraire me fut bientôt prouvé de la manière la plus mathématique et la plus palpable. Et je suis convaincu qu'en suivant attentivement les événements et les combinaisons de la politique du ministre, il faut être dénué de jugement pour ne pas y trouver la raison la plus pure accordée avec la prospérité de notre patrie.

Tout ce que l'opposition objecte n'est toujours qu'une controverse ornée de mots brillants qui peuvent abuser le vulgaire, mais dont la fausseté n'échappe pas à la clairvoyance des observateurs qui pénètrent jusqu'au fond des choses.

Je pourrais en citer mille exemples, je me bornerai à n'en donner qu'un, mais un qui sera d'autant plus frappant que depuis deux ans son objet a injustement produit une grande sensation en France au désavantage du ministre. Je veux parler du traité qui a été conclu avec le Maroc après les victoires de Tanger et de Mogador.

L'opposition aurait voulu une indemnité de guerre, la prise d'Abd-el-Kader, et surtout la liberté commerciale entre l'Algérie et le Maroc ; en proclamant ces belliqueuses exigences l'opposition s'attira l'assentiment de la majorité des Français. De toutes parts on s'indignait contre le gouvernement, on l'accusait d'avoir tout sacrifié pour complaire à l'Angleterre.

Eh bien! qu'a-t-il été prouvé dans la séance du 13 mai dernier? Il a été prouvé (1) qu'en établissant la liberté commerciale sans aucun droit de douane entre l'Algérie et le Maroc, on aurait donné à l'Angleterre, qui par des traités antérieurs est fondée à réclamer du Maroc le traitement de la nation la plus favorisée, le moyen de nous faire une déplorable concurrence. En effet, son exportation dans le Maroc est immense en comparaison de la nôtre qui ne consiste qu'en quelques denrées peu importantes, et que nos commerçants parviennent le plus souvent à faire pénétrer dans le Maroc sans payer de droit de douane; car on comprend facilement qu'entre l'Algérie et le Maroc, il n'existe pas un service de douane bien organisé : il n'y a certainement pas entre ces deux États une ligne d'employés nuit et jour aux aguets comme sur notre frontière d'Allemagne. Les marchands algériens, après avoir acheté dans les magasins de nos villes africaines, vont sans difficulté vendre au Maroc, ne s'apercevant même pas de leur entrée dans une nation étrangère. Ainsi, l'avantage du traité eut donc été très-minime pour ne pas dire nul pour nous, et au contraire il eut dégrévé le commerce anglais de

____

(1) *Voyez* le discours de M. Guizot, séance du 13 mars.

l'énorme tribut qu'il paye pour faire entrer ses marchandises dans le Maroc. Cette question, pour laquelle les journaux de l'opposition enflammaient toute la France, nous était donc au fond entièrement favorable et tout à fait contre les intérêts de l'Angleterre.

Ensuite l'opposition voulait que nous exigeassions que l'empereur du Maroc nous livrât Abd-el-Kader. Dans la séance du 13 mai M. Guizot répond :

Tout cela était facile à dire, et, pour le premier moment, pour le premier effet, pour ce que l'opposition appelle l'effet théâtral, cette politique-là était commode et agréable, mais elle était pleine de difficultés, d'inconvénients et de dangers pour l'avenir ; elle prolongeait indéfiniment la situation dans laquelle nous étions alors ; elle transportait dans le Maroc même la lutte que nous avions à soutenir dans l'Algérie.

Si nous avions prétendu imposer à l'Empereur du Maroc l'obligation de prendre et de nous livrer Abd-el-Kader ; si nous lui avions dit : « Nous ne ferons pas la paix que vous n'ayez accompli votre promesse, que vous ne l'ayez ou interné ou expulsé effectivement ; » si nous avions ajouté : « Dans le cas où vous ne pourrez pas le faire, nous le ferons nous-mêmes, nous le ferons chez vous, » eh bien ! la Chambre voit à l'instant que nous transportions par là dans le Maroc la difficulté dont nous portons le poids depuis tant d'années dans l'Algérie. (Rumeurs à gauche.)

M. GARNIER-PAGÈS : Il vaut mieux la guerre au dehors qu'au dedans.

M. LE MINISTRE DES AFFAIRES ÉTRANGÈRES : Abd-el-Kader n'est pas plus facile à poursuivre et à prendre pour nous dans le Maroc que dans l'Algérie, et pour l'empereur du Maroc lui-même les difficultés étaient très-grandes, car il avait aussi bien contre lui la volonté de la plupart de ses sujets. Nous ne faisions donc que perpétuer, transporter dans l'empire du Maroc les difficultés, les embarras contre lesquels nous luttons dans l'Algérie.

Nous n'avons pas voulu de cette situation.

Voix nombreuses : Vous avez bien fait.

m. guizot : Nous avons cru qu'il était plus prudent aussi bien que plus généreux de vider la question par un traité ; de nous créer un droit proclamé par le gouvernement marocain lui-même, et dont nous pourrions nous servir à l'occasion, si l'occasion s'en présentait. C'est là ce qui est arrivé ; c'est là ce que nous avons fait ; nous nous sommes créé ce droit.

Il est reconnu maintenant par l'empereur du Maroc lui-même que, s'il est hors d'état de tenir la promesse qu'il nous a faite par le traité de Tanger, nous pouvons nous en charger nous-mêmes, nous pouvons, dans les limites que la prudence nous assignera, aller poursuivre notre ennemi sur son territoire, châtier les tribus qui lui donnent asile. Nous avons ce droit, nous l'avons aujourd'hui légalement, officiellement reconnu par la puissance même avec laquelle nous traitions.

Cette situation vaut mieux que l'état de guerre dans lequel nous étions ; elle vaut mieux que la prolongation indéfinie d'une situation violente qui nous eût entraînés, au Maroc, dans les mêmes nécessités, les mêmes embarras où nous étions déjà en Algérie.

Voilà quels ont été les motifs de notre conduite à cette époque, conduite que nous continuons aujourd'hui, et l'avenir prouvera que nous avons sagement fait de ne pas nous imposer à la fois, dans le Maroc et dans l'Algérie, la même tâche et le même fardeau. (Approbation très-marquée de toutes parts.)

Ainsi, comme on le voit clairement, et comme

l'opposition elle-même ne peut plus le contester, la politique de M. Guizot dans les affaires du Maroc, est en tous points conforme à nos intérêts. Et si l'on avait suivi les brillants projets que les adversaires du ministre ont publiés avec tant de clameurs par toute la France, notre commerce aurait été follement sacrifié à celui de l'Angleterre, et en voulant exiger que l'empereur du Maroc nous livrât Abd-el-Kader, nous n'aurions fait que nous susciter de nouveaux embarras.

Voilà un exemple lucide, palpable de ce que fait M. Guizot, et de ce que voudrait faire l'opposition; donc d'un côté, sans bruit, sans ostentation, sans réclamer la gloire qui lui est pourtant due, accablé plutôt d'ingratitude, le ministre, avec sa profonde sagesse et son amour pour la France, travaille constamment à nos intérêts et à notre prospérité. D'un autre côté, se posant en patriotes, se couvrant de popularité, se disant les génies seuls dignes de régénérer notre société, poussant des cris belliqueux, proclamant que les Français peuvent sabrer tous les peuples de la terre, et faire des valets de chambre avec les monarques étrangers, les adversaires de M. Guizot compromettraient toujours et partout nos intérêts et notre gloire, si on les laissait appliquer leurs ridicules hallucinations, car ce qu'ils disent est brillant, mais vide, faux et dangereux.

Abusé par les doctrines de l'opposition, on dit

généralement en France : « Nous voudrions faire trembler les autres nations ; nous voudrions régler les affaires des États qui sont en guerre civile... » Mais, malheureux, avant d'être si belliqueux, avant de maîtriser la terre, jetez donc un regard sur vous-mêmes. Après une lutte de cinquante ans, vous n'êtes encore qu'à moitié relevés, et vous voulez déjà recommencer... Ne vaut-il pas mieux d'abord rétablir vos forteresses, vous construire des flottes, tracer de nombreux chemins de fer qui sillonneront votre pays et augmenteront votre force, en rendant vos communications faciles ? Et surtout, avant une nouvelle guerre, ne devez-vous pas vous régénérer ? Car enfin, si vos plus beaux enfants allaient encore périr dans les batailles, après la dégénération bien reconnue que l'empire a produite dans la population ; si les infirmes seuls restaient encore dans vos foyers, que seraient donc vos petits-fils ?... La France ne deviendrait-elle pas une nation de rachitiques ?

Je vais loin dans mes observations, car il ne faut pas qu'on en doute, je ne suis point payé pour écrire cette brochure, je ne suis animé que par mes croyances particulières qui s'accordent avec celles d'un grand nombre d'honorables patriotes que j'ai connus en parcourant la France, et lorsqu'on écrit avec une conviction si bien fondée et si vive, la plume ne suffit pas pour traduire tous les sentiments que le cœur inspire.

Je crois avoir suffisamment prouvé que la politique de M. Guizot s'accorde en tout avec nos intérêts et notre prospérité. Maintenant je vais terminer en montrant rapidement ce qui nous arriverait si l'opposition triomphait à la chambre.

Si l'opposition devenait en majorité, M. Thiers serait ministre. Qu'en résulterait-il? la réponse viendra naturellement après avoir jeté un simple coup d'œil sur les antécédents politiques de M. Thiers.

En 1832 il justifie le gouvernement d'avoir attaqué les patriotes par les armes et les procès.

Les condamnés politiques sont indignement maltraités par M. Thiers. Ainsi MM. Raspail et Bonniais furent, vers l'époque de l'insurrection de 1832, conduits à pied, les menottes aux mains, par des gendarmes de Paris à Versailles.

Feignant de vouloir séparer les condamnés politiques des voleurs, il les envoie au Mont-Saint-Michel, prison à laquelle on préfère le bagne ou la mort.

Sous M. Thiers, président du conseil, les condamnés du 12 mai ont été mis au régime cellulaire, horrible aggravation de peine qui n'est ni dans nos mœurs ni dans nos lois.

Dans les questions financières on ne lui est redevable d'aucune économie ; il a proclamé les abus de l'administration, mais il les a soutenus et augmentés (*voyez* ses discours du 20 novembre 1832 et du 30 décembre 1831).

Le 9 mars 1832 M. Thiers se posait comme fort belliqueux, et le 20 septembre 1831 il avait combattu les projets de guerre et s'était félicité de la pacifique alliance de l'Angleterre. Le 6 mars 1832 il disait : « la France et l'Angleterre ont un intérêt puissant à être étroitement liées. Avec l'Angleterre la France n'a rien à craindre du reste du monde. » Son anglomanie a duré tant que l'Angleterre l'a cajolé.

Quand arriva le traité du 15 juillet 1840, si injurieux pour la France, M. Thiers fit des armements ; mais lorsque notre flotte était le plus nécessaire en Orient, il donna l'ordre à l'escadre de rentrer à Toulon.

Dans le but d'être agréable à la cour il a commencé, sans loi, les fortifications de Paris. M. Guizot a été obligé, ensuite, d'en accepter la responsabilité et celle d'une douzaine de millions dépensés en armements inutiles.

A-t-il respecté la liberté de la presse ? il a appuyé vigoureusement les lois de septembre, et quand on disait qu'elles violaient la Charte, il s'écriait : « Nous sommes en majorité ! vous n'avez l'avis que d'une minorité, et vous ne devez pas être surpris si devant votre avis nous ne nous arrêtons pas. »

J'espère que c'était là du cynisme !

Dans son histoire il va jusqu'à attaquer l'inviolabilité du roi ; ministre, il la soutient constamment, et redevenu simple député, il prend plaisir à la compromettre par d'indiscrètes révélations. C'est bien là son caractère!

Pour la réforme électorale, étant ministre, le 27 mars 1840, il dit : « Je ne crois pas, pour mon compte, que la réforme électorale soit actuellement utile et possible. »

Redevenu simple député en 1842, il appuie la proposition de M. Ganneron.

D'après tous ces antécédents, que peut-on attendre de M. Thiers ministre?... On peut attendre un désaccord gouvernemental qui enfanterait la république, car M. Thiers est avant tout républicain, son ambition ne se borne pas à être ministre, il espère certainement s'asseoir sur le trône avec une autre forme de gouvernement.

Qu'est-ce que serait la république?... La république serait d'abord l'élévation de tous ces méprisables agitateurs qui flottent comme une lie corrompue dans notre population, toujours mécontents, parce qu'ils ne peuvent parvenir à rien faute de courage, ils n'attendent que les révolutions pour s'élever à des faveurs dont ils sont indignes sous tous les rapports.

Lorsque ces hommes seraient au pouvoir, l'ambition les porterait à se guerroyer entre eux pour se disputer les plus hautes charges; ensuite chacun voudrait faire prévaloir sa doctrine: l'un serait communiste, l'autre serait saint-simonien, un troisième fourriériste; et de là viendrait incontestablement l'anarchie, la guerre civile, jusqu'à ce que les puissances étrangères vinssent encore nous rétablir honteusement dans une nouvelle monarchie.

Vous voyez quel avenir nous attend si nous ne résistons pas à ce torrent révolutionnaire qui cherche à nous entraîner.

Élevons donc nos vœux vers la Providence pour qu'elle nous préserve d'un pareil malheur, en éclairant les Électeurs qui sont appelés à choisir nos nouveaux députés, et encourageons par nos témoignages de reconnaissance les hommes généreux qui nous gouvernent avec sagesse, pour qu'ils continuent à nous conduire vers la prospérité.

V. VERNEUIL.

PARIS. — IMPRIMERIE DE FAIN ET THUNOT,
Rue Racine, 28, près de l'Odéon.